Martha Steinmeyer

Satinieren
Weihnachtsmotive auf Glas

CREATIV COMPACT

CHRISTOPHORUS

Inhalt

Weihnachtsmotive auf Glas

Glasobjekte, die aussehen, als ob sie mit weißem Frost oder Eisblumen überzogen wären – diesen Effekt können Sie mit der Technik des Satinierens zaubern. Für die Advents- und Weihnachtszeit werden die satinierten Gläser noch mit etwas goldenem Glimmer oder Silberfolie verziert. So entstehen aus schlichten Gläsern die schönsten Dekorationen für Ihr Zuhause. Vasen mit Sternen und Schneekristallen, Teller mit Lebkuchenmotiven und Windlichter mit Tannenbäumchen verwandeln Ihren Tisch in eine festliche Tafel. Ein schöner Blickfang sind auch die filigranen Bäumchen, zarten Kugeln oder glänzenden Sterne, die am Weihnachtsbaum oder am Fenster ihren Platz finden. Kinder freuen sich an den lustigen Schneemännern, an märchenhaft anmutenden Rentieren oder dem kleinen roten Nikolaus. Viele der gezeigten Objekte eignen sich auch hervorragend als ganz individuelles Geschenk.

Ich wünsche Ihnen viel Freude und Erfolg beim Satinieren, vor allem aber eine wunderschöne Weihnachtszeit!

Ihre

Martha Steinmeyer

Material & Technik

Glasobjekte

Auf alle klaren und gefärbten Gläser und Glasgefäße können Satinierfarben aufgetragen werden. Auch Acrylglas oder Windradfolie eignet sich für das Satinieren. Alle satinierten und im Backofen erhitzten Gläser können bedenkenlos gespült werden, dabei aber lange Einweichzeiten und starkes Rubbeln mit Putzwolle vermeiden.

Satinierfarben

Weiß ist die am häufigsten verwendete Satinierfarbe. Doch ebenso dekorativ sind Satinierfarben in Gelb, Rot, Rosa, Lila, Grün, Blau, Gold und Silber. Der Hobbyfachhandel bietet inzwischen eine große Farbpalette an. Alle Satinierfarben lassen sich untereinander mischen, indem man sie mit einem Wattestäbchen zusammenrührt.

Schwämme

Am besten eignen sich sehr feinporige Schwämme. Die Schwämme in kleine Stücke schneiden. Beim Farbwechsel den Schwamm auswaschen und mehrmals auf ein altes Handtuch drücken, bis er sich trocken anfühlt. Nach dem Satinieren den Schwamm auswaschen.

Schablonen

Die Schablonen dürfen während des Farbauftrags nicht verrutschen, deshalb Schablonen mit Kleberücken verwenden. Schnell und leicht lassen sich mit Isolierband gerade Linien und Streifen ziehen oder Rahmen und Flächen begrenzen. Für aufwändigere Schablonen oder Motivteile ist Selbstklebefolie gut geeignet. Glasobjekte, die hauptsächlich mit feinen Linien verziert werden sollen, zuerst mit Window-Color-Konturenfarbe bemalen. Mit der Konturenfarbe Linien, Spiralen und Muster direkt auf das Glas auftragen und etwa 3 Stunden antrocknen lassen. Danach satinieren und die Konturenfarbe mit Stecknadeln sofort entfernen.

So gehts

1 Die Glasobjekte gründlich reinigen. Auf Fettablagerungen oder Staub hält die Farbe nicht!

2 Die ausgewählte Schablone auf das Glas kleben. Bei Motiven vom Vorlagebogen mit einem Cutter alle grau gefärbten Teile des Motivs aus der Klebefolie schneiden, die weißen Teile aufkleben.

3 Satinierfarbe auf Glasteller, Alufolie oder den Deckel eines Einweckglases geben, mit dem Schwamm aufnehmen. Einige Male auf den Glasteller tupfen, dann auf den zu satinierenden Bereich. Schnell und gleichmäßig arbeiten.

4 Die Schablone wieder abnehmen, solange die Farbe nass ist. Um mit den Fingern keine Spuren in der Farbe zu hinterlassen, mit einer Stecknadel die Schablone an einer Ecke anheben und vorsichtig abnehmen.

5 Die Objekte im Backofen nach Herstellerangaben erhitzen (meist 30 Minuten bei 160 Grad Celsius) und so den Farbauftrag fixieren.

Verzieren der satinierten Glasobjekte

Nach dem Fixieren der Farbe im Backofen die satinierten Objekte mit Lackstiften oder Glitter-Pens bemalen oder mit Deko-Sand, Deko-Kristall oder Glasnuggets bekleben.

Verzieren mit Metallic-Folie

Mit Metallic-Folien werden auf einfachste Weise wunderschöne Glanzeffekte erzielt. Mit dem Folienkleber die gewünschte Kontur auftragen. So lange trocknen lassen, bis der Klebstoff transparent erscheint. Die Metallic-Folie mit der matten Seite auf die Klebekontur legen, fest andrücken und sofort wieder abziehen.

Tipps & Tricks

Schablonen

- Zum Übertragen der Vorlagen auf Selbstklebefolie Transparentpapier auf das ausgewählte Motiv auf dem Vorlagebogen legen und die Umrisse mit weichem Bleistift nachfahren. Das Transparentpapier wenden, auf das Schutzpapier auf der Rückseite der Selbstklebefolie legen und die Linien des Motivs noch einmal nachfahren. Die Bleistiftspur drückt sich ab.
- Beim Aufbringen der Schablonen darauf achten, dass die Folie fest anliegt, Kanten extra andrücken. Wirft die Folie Falten, gerät Farbe unter die Schablone und unscharfe Konturen sind die Folge.
- Das Schutzpapier von der Rückseite größerer Schablonen am besten abschnittsweise abziehen. Das Motiv ansatzweise aufkleben, dann die Schutzfolie vorsichtig weiter entfernen.
- Große Motive (wie zum Beispiel die drei Tannenbäumchen auf Seite 20/21) vor dem Aufkleben auf das Glas in einzelne Teile schneiden und auf dem Glasobjekt wieder zusammensetzen. So können die Schablonen leichter entfernt werden.
- Besteht ein Motiv aus vielen kleinen Teilen, ist es hilfreich, das Transparentpapier vom Übertragen der Vorlage ins Vaseninnere zu kleben. So können die Motivteile in der richtigen Position aufgeklebt werden.

Satinierfarbe auftragen

- Die Palette der Satinierfarben kann durch Zugabe winziger Tropfen Dispersionsfarbe oder Abtönkonzentrat erweitert werden. Die Farbe deckt mit dieser Zugabe etwas intensiver.
- Die Satinierfarben sind untereinander mischbar. Aus Gelb und Rot kann Orange, aus Gelb, Blau und Rot Braun gemischt werden. Auf dem Glasteller einfach mit Wattestäbchen verrühren.
- Farbschattierungen herstellen: Verschiedene Farben nebeneinander auf den Glasteller geben. Die helleren Farben müssen dabei überwiegen, sonst werden sie „zugedeckt“. Mit dem Schwamm zwei oder mehr Farben aufnehmen und das Objekt damit betupfen.

Schablonen entfernen

- Schablonen immer gleich nach dem Satinieren entfernen. Nur bei Windradfolie kann man sich mehr Zeit lassen. Da geht das Entfernen des Motivs besser, wenn die Farbe schon etwas angetrocknet ist.
- Beim Abziehen der Schablonen von Windradfolie ist es hilfreich, wenn eine zweite Person kurzzeitig helfen und die Windradfolie festhalten kann.
- Bei Verwendung von Schablonen aus unterschiedlichen Materialien zuerst Window-Color-Konturen, dann kleine Teile und am Schluss große Motivteile entfernen. Stecknadeln oder eine Pinzette zu Hilfe nehmen.
- Beim Entfernen größerer oder filigraner Schablonen immer eine Schere bereitlegen und damit schon abgelöste Schablonenteile abschneiden, damit sie nicht versehentlich den noch feuchten Farbauftrag berühren.
- Kleberückstände von der Schablone mit Waschbenzin entfernen.

Korrekturen

- Unsaubere Konturen nachbessern: Bei noch nasser Satinierfarbe mit feuchtem Wattestäbchen an der Kontur entlangfahren. Ist die Farbe bereits getrocknet, Unregelmäßigkeiten mit einer Rasierklinge oder einem Ceranfeldschaber entfernen.
- Ist eine Arbeit nicht gut gelungen, kann das Werkstück im Wasserbad eingeweicht, der Farbauftrag entfernt und neu aufgetragen werden.

Nikolaus

Material

- Glas mit Teelichthalter, 15 x 15 x 13 cm
- Windradfolie
- Selbstklebefolie
- Satinierfarben in Weiß, Gelb, Rot, Grün
- Lackstift in Grün, Schwarz
- Folienkleber
- Deko-Sand in Weiß
- Draht in Schwarz

Vorlagen
A1 – A3

*Grundanleitung
Seite 4/5*

Für das **Windlicht** und das **Fensterbild „Nikolaus"** die Vorlage A1 (Windlicht) oder A2 (Fensterbild) auf die Rückseite der Klebefolie übertragen, ausschneiden und auf das Windlicht oder die Windradfolie kleben. Aus roter, gelber und grüner Satinierfarbe braune Satinierfarbe mixen, aus Rot und Gelb etwas Orange herstellen. Den Nikolaus in Rot, Bart in Weiß, Gesicht in Orange, Schuhe und Sack in Braun satinieren. Das Windlicht unten in Grün und Weiß betupfen. Schablone entfernen und die Farbe bei 160 Grad fixieren. Mit schwarzem Lackstift ein Auge auftupfen. Mit dem Folienkleber Punkte in den Bart setzen, einige Linien des Motivs nachfahren und sofort mit weißem Deko-Sand bestreuen. Mit grünem Lackstift Punkte auf die Bodenlinie setzen.
Das Fensterbild so ausschneiden, dass ein schmaler, unsatinierter Rand stehen bleibt. Schwarzen Draht um einen Bleistift wickeln, den Draht in die Länge ziehen und als Aufhänger an der Nikolausmütze befestigen.

Für die **Handschuhe** die Vorlage A3 auf Selbstklebefolie übertragen und auf Windradfolie kleben. In Weiß und Rot satinieren. Mit Folienkleber einige Linien und Punkte auftragen, Deko-Sand aufstreuen. Nach dem Trocknen die Handschuhe so ausschneiden, dass ein schmaler, unsatinierter Rand zu sehen ist. Die Handschuhe mit schwarzem Draht zusammen aufhängen.

Glänzende Sterne

Material

- Vase, 8 cm Ø, 32 cm hoch
- Windlicht, 10 cm Ø, 10 cm hoch
- Acryl-Stern, teilbar, 9,5 cm
- Satinierfarbe in Weiß
- Folienkleber
- Metallic-Folie in Silber
- Isolierband
- Selbstklebefolie

Vorlage B

Grundanleitung Seite 4/5

Für das **Windlicht** Vorlage B einmal, für die **Vase** dreimal als Schablone aus Selbstklebefolie arbeiten. Die Sternschablone vor dem Aufkleben zwischen zwei Zacken durchschneiden, das erleichtert das Abnehmen der Schablone. Bei der Vase die Schablonen in gleichem Abstand genau untereinander fixieren. Mit Isolierband eine Abgrenzung zur Seite, nach oben und unten abkleben. Weiße Satinierfarbe auftragen. Beim Abnehmen der Vorlage vorsichtig sein. Die Sternschablone mit einer kreisförmigen Bewegung abziehen. Die Farbe im Backofen fixieren.
Mit dem Folienkleber spiral- und bogenförmige Muster und Punkte in den Innenkreis der Sterne malen. Trocknen lassen, bis der Klebstoff durchsichtig erscheint. Die Metallic-Folie auflegen, andrücken und wieder abnehmen.

Für den **hängenden Stern** aus Selbstklebefolie einen Kreis mit einem Durchmesser von 4 cm schneiden und in die Sternmitte kleben. Auf die Sternzacken weiße Satinierfarbe auftragen. Den Kreis entfernen. Folienkleber und Metallic-Folie, wie oben beschrieben, auftragen.

Fröhliche Schneemänner

Material

- Windlicht, 13 cm Ø, 16 cm hoch
- Windradfolie
- Selbstklebefolie
- Satinierfarben in Weiß, Hell- und Dunkelblau, Lila
- Isolierband
- Lackstifte in Weiß, Rot, Schwarz
- Glitter
- Feiner Silberdraht

Vorlagen
C1 – C3

Grundanleitung
Seite 4/5

Für das **Windlicht** Vorlage C1 auf Selbstklebefolie übertragen, ausschneiden und aufkleben. Links und rechts mit Isolierband zwei weitere Streifen abkleben. Nach der Anleitung auf Seite 5 Satinierfarben auftragen und einbrennen. Mit Lackstiften Gesicht malen und weiße Punkte zur Verzierung aufbringen.

Für die **hängenden Schneemänner** die Vorlagen C2 und C3 auf Selbstklebefolie übertragen, ausschneiden und auf Windradfolie kleben. Die Schneemänner mit weißer Farbe, Mützen und Jacke in blau-lila Farbtönen satinieren. Etwas Glitter auf die feuchte, weiße Farbe streuen. Die Vorlagen vorsichtig entfernen, wenn die Farbe schon ein bisschen angetrocknet ist. Beim Abnehmen der Vorlage immer wieder ein Stück der Schablone abschneiden. Mit Lackstiften Gesichter und weiße Punkte aufmalen.

Nach dem Trocknen den Schneemann so ausschneiden, dass ein kleiner, überstehender Rand bleibt. Den Silberdraht um einen dünnen Bleistift winden. Mit einer Lochzange Öffnungen in die Schneemannarme stanzen, den Draht durchziehen.

Zarte Muster

Material

- Glasvase, 20 cm hoch
- Einweckgläschen, 9,5 cm hoch
- Glasherzen, 5 und 8 cm
- Satinierfarben in Weiß, Lila, Blau
- Glitter in Lila, Silber
- Perlen in Weiß, Lila, Blau, 2 mm Ø
- Isolierband
- Window-Color-Konturenfarbe
- Folienkleber
- Silberdraht
- Deko-Band in Blau
- Heißkleber

Grundanleitung Seite 4/5

Die **Vase** mit acht Längsstreifen aus Isolierband in acht gleiche Abschnitte teilen. Einen Streifen um den oberen Rand kleben. Mit Window-Color-Konturenfarbe spiral- und bogenförmige Muster frei Hand aufzeichnen. Die Kontur trocknen lassen. Beim Satinieren am unteren Rand mit blauer Satinierfarbe beginnen, dann in Lila, schließlich in Weiß übergehen. Auf die feuchte Farbe ein wenig Glitter in Lila streuen. Mit einer Stecknadel die Konturenfarbe entfernen, danach das Isolierband. Die Farbe bei 160 Grad fixieren. Zwischen den satinierten Abschnitten mit Folienkleber Striche ziehen. Sofort mit Glitter bestreuen und trocknen lassen.

Für das **Windlicht** den Glasrand mit Isolierband abdecken. Mit Window-Color-Konturenfarbe in der Mitte des Glases waagerechte Linien ziehen, die sich auch überlappen dürfen. Nach der Anleitung auf Seite 5 das Glas satinieren. Die Konturenfarbe abziehen, die feuchte Farbe mit wenig Glitter bestreuen, dann bei 160 Grad fixieren. Perlen auf Silberdraht ziehen. Den Draht mit Heißkleber am Glas fixieren, dann um den Glasrand wickeln. Die Perlen unregelmäßig verteilen. Das Drahtende ebenfalls mit Heißkleber fixieren.

Mit Window-Color-Konturenfarbe halbseitig Muster auf den **Herzen** aufbringen, die Konturen trocknen lassen. Mit den angegebenen Farben satinieren. Die Konturenfarbe mit einer Stecknadel entfernen. Glitter in Silber oder Lila auftragen, danach die Farbe fixieren. Silberdraht zum Aufhängen anbringen. Blaue Schleifen ergänzen.

Knuspermännchen

Material

- Teller, 27,5 cm Ø
- Vorratsglas, 10 cm Ø, 21 cm hoch
- Glasschale, 16 cm Ø, 5 cm hoch
- Satinierfarbe in Weiß
- Lackstift in Weiß, Schwarz
- Klebefolie
- Isolierband

Vorlagen
D1 – D4

Grundanleitung Seite 4/5

Für den **Teller** Vorlagen D1 und D2 auf die Rückseite der Klebefolie übertragen, bei der Vorlage D2 insgesamt 18 Gebäckteile ausschneiden. Die kleinen Gebäckteile auf den Tellerrand kleben, den ringförmigen Rahmen mit dem Knuspermännchen in die Mitte. Mit weißer Satinierfarbe betupfen, Schablonen entfernen und die Farbe im Backofen fixieren. Mit Lackstift Punkte um die Kreise und das Knuspermännchen setzen, das Gesicht malen.

Für das **Vorratsglas** das Isolierband der Länge nach halbieren, zwei Streifen oben und drei am unteren Glasrand fixieren. Aus der Vorlage D3 eine Schablone arbeiten und auf das Vorratsglas kleben. Mit weißer Farbe satinieren, dann die Vorlagen abziehen. Farbe bei 160 Grad fixieren. Mit Lackstiften Gesicht malen und weiße Punkte als Verzierung auftragen.

Das Isolierband der Länge nach halbieren und am oberen und unteren Rand der **Glasschale** ankleben, sodass in der Mitte ein 3,5 cm breiter Streifen frei bleibt. Diesen Streifen abwechselnd mit positiven und negativen Vorlagen (D4) ausfüllen. Insgesamt werden 14 Teile gebraucht. Das Glas weiß satinieren, die Vorlagen entfernen und im Backofen bei 160 Grad fixieren. Mit weißem Lackstift am Rand entlang Punkte setzen.

Schneekristalle

Material

- Vase, dreieckig, 24 cm hoch
- Acryl-Kugel, teilbar, 6 cm Ø
- Metallprägefolie in Silber
- Isolierband
- Satinierfarbe in Weiß
- Folienkleber
- Metallic-Folie in Silber
- Silberfaden oder Draht als Aufhänger

Vorlagen

E1, E2

Grundanleitung Seite 4/5

Für die **Vase** mit Isolierband zwei Rechtecke so abkleben, dass links unten zwei Drittel der Fläche satiniert werden kann, rechts oben ein Drittel. Weiße Satinierfarbe gleichmäßig auftragen, das Isolierband abziehen, die Farbe trocknen lassen und im Backofen fixieren.
Vorlage E1 kopieren und grob ausschneiden. Mit einem Stückchen Isolierband im Vaseninnern fixieren. Mit dem Folienkleber die Umrisse des Schneekristalls nachmalen. Den Kleber trocknen lassen, bis er durchsichtig erscheint. Metallic-Folie auflegen, andrücken und abziehen.

Für den **Baumschmuck** die beiden Kugelhälften weiß satinieren. Metallprägefolie auf eine weiche Unterlage, zum Beispiel Zeitungen, legen, die Vorlage E2 darüber. Die Kontur des Schneekristalls mit Bleistift fest nachziehen und so auf die Folie übertragen. Danach die Kontur mit speziellen Prägewerkzeugen oder einer stumpfen Stricknadel vertiefen. Die Prägefolie wenden, auf der Rückseite links und rechts der erhabenen Linien die Kontur noch einmal nachziehen. Das Kristall ausschneiden, die Kugel einsetzen und einen Aufhänger anbringen.

Grüne Tannen

Material

- Vorratsglas, 8 cm Ø, 16 cm hoch
- Flasche, 5 cm Ø, 28 cm hoch
- Zylinder-Glas, 18 cm Ø, 17 cm hoch
- Satinierfarben in Weiß, Grün, Rot
- Abtönkonzentrat in Gelb, Grün
- Lackstift in Weiß
- Selbstklebefolie
- Isolierband
- Folienkleber
- Glitter in Grün

Vorlagen
F1 – F3

Anleitung Seite 22

Kugeln & Sterne

Material

- Glaskugeln, 8 und 12 cm Ø
- Acryl-Sterne, teilbar, 9,5 cm
- Isolierband
- Satinierfarbe in Weiß
- Glitter-Pen in Silber
- Window-Color-Konturenfarbe
- Zahnstocher
- Bouillondraht in Silber
- Perlen in Weiß, Silber, 2 mm Ø
- Heißkleber
- Folienkleber
- Metallic-Folie in Silber
- Faden oder Draht zum Aufhängen

Vorlage G

Grundanleitung Seite 4/5

Für die **größere Kugel** mit Isolierband einen 3,5 cm breiten Streifen abkleben. In diesem Bereich mit Window-Color-Konturenfarbe spiralförmige Muster aufmalen und satinieren (Anleitung Seite 4/5). Mit Glitter-Pen Streifen malen und Punkte aufbringen. Aus den Punkten Sternchen formen: Mit einem Zahnstocher Zacken nach außen ziehen. Auf die **kleinere Kugel** drei Isolierbandstreifen kleben und die Zwischenräume weiß satinieren. Band abziehen. Wenige Perlen auf Draht ziehen, die Kugel damit umwickeln und mit Heißkleber fixieren. Streifen mit Glitter-Pen betonen. Aufhängung anbringen.
Mit Isolierband die **Sterne** zur Hälfte abkleben und eine Seite satinieren. Mit Folienkleber ein Schneekristall (Vorlage G) oder Linien aufmalen. Nach der Anleitung auf Seite 5 Metallic-Folie auftragen. Aufhängung befestigen.

Grüne Tannen

Abbildung & Materialangaben Seite 20/21

Für das Vorratsglas die Vorlage F1, für das große Glas die Vorlage F2 auf Selbstklebefolie übertragen und aufkleben (siehe auch Seite 6 „Schablonen"). Beim großen Glas am unteren Rand mit Isolierband einen Streifen abkleben, beim Vorratsglas einen Rahmen. Den Rand bzw. den Rahmen weiß satinieren. Grüne Satinierfarbe mit 1 Tropfen grüner Abtönfarbe intensivieren. Beim Satinieren den Tipp auf Seite 6 „Satinierfarben auftragen" beachten, Satinierfarben mischen und auftragen. Bäumchen weiß-grün, Stämme grün oder braun satinieren und im Backofen fixieren. Beim Vorratsglas mit Lackstift Schneeflocken auftupfen. Für die Flasche die Vorlage F3 aufkleben. Mit Isolierband einen Rand um den Baum abkleben. In Weiß satinieren, fixieren. Die Ränder mit Folienkleber nachfahren und grünen Glitter aufstreuen.

Kleine Rentiere

Material

- Vase, viereckig, 18 cm hoch, 13,5 cm breit
- Acryl-Scheibe „Fenster“, 6,5 x 9 cm
- Windradfolie
- Selbstklebefolie
- Folienkleber
- Metallic-Folie in Silber
- Lackstift in Weiß, Schwarz
- Silberdraht
- Lochzange

Vorlagen
H1 – H3

Anleitung Seite 26

Schweifstern

Material

- Glasteller, 33 cm Ø
- Vase, 14, 5 cm Ø, 16 cm hoch
- Windradfolie
- Satinierfarbe in Weiß
- Silberdraht
- Selbstklebefolie
- Isolierband
- Folienkleber
- Glitter in Silber
- Deko-Kristall in Weiß

Vorlagen
J1, J2

Grundanleitung Seite 4/5

Für den **Teller** Vorlage J1 dreimal auf Selbstklebefolie übertragen und auf dem Tellerrand anbringen. Mit Isolierband den Rand nach innen abgrenzen. Nach der Grundanleitung weiß satinieren, die Farbe fixieren. Die Vorlage J2 auf Selbstklebefolie übertragen und im oberen Drittel der **Vase** aufkleben. Für den **Schweifstern-Anhänger** die Schablone (Vorlage J2) auf Windradfolie kleben. Das Vasenmotiv seitlich mit Isolierband begrenzen. Nach der Grundanleitung weiß satinieren und die Farbe fixieren. Aufhänger so ausschneiden, dass ein schmaler Rand stehen bleibt. Mit Folienkleber einzelne Motivlinien nachfahren, mit Glitter oder Deko-Kristall bestreuen.

Kleine Rentiere

Abbildung & Materialangaben Seite 24/25

Für die **Vase** Vorlage H1 auf Selbstklebefolie übertragen und aufkleben. Nach der Grundanleitung auf Seite 4/5 weiß satinieren und die Farbe fixieren. Mit Lackstiften Schneeflocken, Augen, Hufe und Schnauzen malen. Mit dem Folienkleber Spiralformen als Schweif beim Stern und als Bodenwelle arbeiten (Anleitung Seite 4/5). Für das **Leporello** die Vorlage H2, für die **Aufhänger** die Vorlage H3 auf Selbstklebefolie übertragen. Die Schablonen zweimal auf Windradfolie (Leporello) und jeweils auf eine Acryl-Scheibe kleben. Mit weißer Farbe satinieren. Mit Lackstiften Augen, Hufen, Schnäuzchen malen und die Formen mit Punkten umranden. Beim Leporello die Rahmenform ausschneiden, kleine Öffnungen stanzen und die Teile mit Silberdraht verbinden.

Filigrane Bäume

Material

- Glasvase „Welle“, 20 cm hoch
- Acryl-Bäumchen, 10 und 13 cm
- Satinierfarbe in Weiß
- Selbstklebefolie
- Window-Color-Konturenfarbe
- Perlen in Kristall, Weiß, Silber, 4 – 6 mm Ø
- Silberdraht

Vorlage K

Anleitung Seite 30

Goldene Kronen

Material

- 2 Vasen, je 18 cm hoch, 10,5 x 10,5 cm
- Glasschale, 15 x 15 cm, 5 cm hoch
- Satinierfarbe in Weiß
- Selbstklebefolie
- Isolierband
- Folienkleber
- Metallic-Folie in Gold
- Glitter-Pen in Silber
- Glasnuggets
- Heißkleber

Vorlagen
L1, L2

Grundanleitung Seite 4/5

Für die **Vasen** das Motiv L1 auf Selbstklebefolie übertragen, auf die obere Hälfte der Vasen kleben. Die Seitenränder mit Isolierband abkleben, unten einen zweiten Streifen Isolierband anbringen. Nach der Grundanleitung satinieren und die Farbe fixieren. Mit Folienkleber Linien oder Umrisse nachfahren, Metallic-Folie auftragen (Anleitung Seite 5). Mit Glitter-Pen oder Glitter weiter verzieren. Für die **Glasschale** die Vorlage L2 viermal auf Selbstklebefolie übertragen und aufkleben. Weiß satinieren und die Farbe fixieren. Mit Glitter-Pen Punkte setzen, mit Folienkleber oben und unten eine Linie ziehen und Metallic-Folie auftragen (Anleitung Seite 5). Glasnuggets mit Heißkleber fixieren.

Filigrane Bäume

Abbildung & Materialangaben Seite 28/29

Für die **Bäumchen-Anhänger** das Muster mit Konturenfarbe arbeiten (Anleitung Seite 4/5). Perlen in unregelmäßigem Abstand auf den Silberdraht fädeln. Silberdraht um das Bäumchen wickeln oder als Aufhängung verwenden. Für die **Vase** die Vorlage K auf Selbstklebefolie übertragen und aufkleben. Mit Window-Color-Konturenfarbe die Innenflächen des Bäumchen-Motivs mit spiral- und bogenförmigen Mustern ausfüllen und nach der Anleitung auf Seite 4/5 satinieren. Im Backofen fixieren.

Impressum

Christophorus-Verlag GmbH
Freiburg im Breisgau

Printed in Germany
ISBN 3-419-56529-1

Lektorat:
Gisa Windhüfel, Freiburg

Styling und Fotos:
Roland Krieg, Waldkirch

Layoutentwurf:
Network!, München

Gesamtproduktion:
art und weise, Merzhausen

Druck:
Freiburger Graphische Betriebe

Wir sind für Sie da, wenn Sie Fragen haben.
Und wir interessieren uns für Ihre eigenen Ideen und Anregungen.
Schreiben Sie uns, wir hören gern von Ihnen!
Ihr Christophorus-Team

Christophorus-Verlag GmbH
Hermann-Herder-Str. 4
79104 Freiburg
Tel.: 0761/2717-0
Fax: 0761/2717-352
e-mail:
info@christophorus-verlag.de
www.christophorus-verlag.de

Weitere Titel aus dieser Reihe

3-419-56547-X

3-419-56363-9

3-419-56415-5

3-419-56411-2

3-419-56442-2

3-419-56541-0